AF229115

HISTOIRE

DÉPLORABLE

DE MILBECK.

HISTOIRE

DÉPLORABLE

DE MILBECK

DEVENU FOU A LA SUITE D'UN ASSASSINAT
COMMIS SUR SA PERSONNE.

ROUEN,

IMPRIMERIE D'ÉMILE PERIAUX, RUE PERCIÈRE, 26.

1842.

Mme MILBECK

AUX

AMES BIENFAISANTES.

Heureux l'homme qui peut se suffire à lui-même avec la concience d'un cœur pur. O mon Dieu! pourquoi faut-il que la plus noble de tes créatures vivantes soit la seule sur laquelle toutes les douleurs s'accumulent, seulement parce qu'elle sait ce que c'est que la douleur. La vue du seul appui sans lequel je reste privée de soutien et de pain, augmente mon chagrin dévorant.

Malheureuse, que la fatalité a séparée de l'unique soutien de sa famille, je sais comme son amour veillait à tous les besoins de ma vie et comme sa main protectrice écartait de moi et de mes enfants tous les chagrins et tous les dangers du monde. Nuit et jour je l'ai devant les yeux et je ne puis m'approcher de lui, car sa douceur est changée eu une fureur aveugle, et sa main, au lieu de nous aider comme autrefois, nous repousse sans nous reconnaître. Quel est donc l'homme qui peut se voir dans la plus grande détresse, privé de toute consolation, sans que le repos de son cœur et de son âme en soit troublé.

C'est ainsi que les peines les plus cruelles augmentent ma misère, et quand je me rappelle les joies des jours passés, j'éclaterais dans les plus amères plaintes. Un an, que dis-je, un seul jour de bonheur fait oublier des siècles de souffrances; mais le souvenir d'un bonheur perdu est pour le malheureux un cruel tourment de plus. Qui pourrait apaiser l'orage de mon cœur et calmer ma tête brûlante? Je ne puis modérer mon chagrin. Il est vrai que le sort est bien plus supportable quand on peut l'affronter courageusement; mais par malheur, depuis trois ans, je flotte entre la crainte et l'espérance!... Mon mari, sur qui j'avais concentré tout mon amour, toute mon affection, toute ma vénération, est frappé de folie! Nous vécûmes pendant dix-huit ans heureux et paisibles, et notre union fut bénie par trois enfants donnant beaucoup d'espérance. Mon mari, qui veillait avec une activité infatigable sur tout ce qui pouvait servir au maintien de l'ordre et à l'accroissement du bien-être de sa maison et de sa famille, et dont l'état déplorable est maintenant la principale cause de mon malheur, par la plus abominable cruauté d'un assassin, a reçu cinq blessures dont les suites ont été si funestes. Le misérable était, suivant sa déclaration et ses papiers, un certain Jean-Baptiste Joachim, âgé de quarante-deux ans, né à Arsheim (Bavière du Rhin), ancien lieutenant de hussards au service des Indes-Orientales (possessions hollandaises); et à cause de sa mauvaise conduite, il avait été congédié du service militaire et renvoyé en Europe.

Comme il connaissait aussi peu mon mari que mon mari le connaissait, son unique excuse fut qu'il avait pris mon mari pour quelqu'un dont il avait juré la mort, et que mon mon mari, malgré son innocence, eût sans doute succombé si, en entendant la voix de sa victime, il n'avait pas reconnu son erreur. Il n'a pas échappé à son juste châtiment; mais malheureusement ceci n'a pas amélioré l'état de mon mari, et après la guérison de ses blessures, le mal, qui jusqu'alors m'avait été caché, s'est entièrement déclaré, et je me suis aperçu que ce crime avait égaré sa raison et que le malheureux était insensé.

Ce fut pour moi le coup le plus cruel que j'aie reçu dans ma vie. Il m'a atteint jusqu'au fond de l'âme; il trouble toutes mes pensées et tous mes desseins, semblable à un ver rongeur qui, nuit et jour, perce mon cœur; et ce coup me tuera, certes, si une dernière lueur d'espérance m'abandonne. O mon Dieu! tu sais combien je me suis imposé de privations; que j'ai, jusqu'au bout, employé ma fortune entière pour que mon mari recouvre ses facultés intellectuelles! L'amour seul me reste; l'amour, le plus précieux diamant de l'homme sur la terre, lequel renferme tout le bonheur et n'a point de bornes. C'est avec une infatigable persévérance, c'est avec le plus ardent et le plus sincère amour, que j'ai poursuivi partout la mission pour laquelle je me sentais appelée. J'ai consulté les plus habiles médecins de différents endroits, j'ai perdu toute ma fortune et ma santé, et je vois encore l'édifice de mes espérances détruit; je suis dans la position la plus malheureuse.

L'année passée, je résolus de me jeter dans les bras de ma famille, qui était établie dans le midi de la France, et à cet effet je rassemblai tous les débris de ma fortune passée et j'arrivai jusqu'à Bordeaux ; là, le triste état de ma santé me força d'avoir recours à un médecin. Je trouvai un brave homme qui, touché de ma situation, m'écrivit une lettre pour Arles et Marseille. Au bout de trois semaines, je reçus 100 fr., ainsi que la triste nouvelle que ma sœur était morte et que le reste de la famille avait été ruiné par une inondation. Ainsi il fallait m'en retourner. Un effroi indescriptible s'empara de moi à cette seule pensée, en plongeant mes regards dans le sombre avenir qui pour moi s'obscurcissait de jour en jour. Le chagrin dévorant s'est enraciné dans mon cœur ; il a miné ma santé, il semble que je ne suis née que pour passer par toutes les tentatives, tous les essais. Cependant je suis ici, cependant il faut que je parte. C'est ainsi que j'entrepris mon départ pour Paris. Mais je ne puis décrire les peines que j'éprouvais. Cela peut se ressentir, mais il est impossible de le décrire. Du 14 au 16 décembre, de Tours à Orléans, je perdis presque l'espérance d'atteindre Paris. Jamais les jours de malheur n'avaient tant ébranlé mon courage ; toutes mes infortunes m'apparaissaient sous la couleur la plus sombre. Nous étions presque sans pain, j'étais malade, et la rigueur du froid était excessive. Nous allions contre le plus violent vent du nord, et je pensais que nous allions tous mourir de froid.

C'est ainsi que moi et mes enfants nous sommes arrivés à Paris, et j'y ai trouvé le premier médecin qui m'ait promis le rétablissement et la guérison de mon mari.

Le faible rayon d'espérance que le bienveillant docteur avait répandu dans mon cœur, releva mon être au moment de succomber sous le poids du désespoir, et il comprit toute l'efficacité de ce moyen de guérison pour mon cœur. C'est ainsi que nous sommes restés sept mois à Paris, et les soins persévérants de cet excellent médecin ont été couronnés d'un tel succès, qu'il m'est permis de penser à satisfaire l'ardent désir de mon cœur, celui de retourner en Hollande, dans l'espérance que le faible produit de cet ouvrage nous en fournira les moyens. Les certificats qui se trouvent à la suite donneront la mesure de la faveur que les âmes généreuses peuvent nous accorder.

Pour faciliter l'achat de ce petit ouvrage, j'en ai réduit le prix au point qu'il pourra s'obtenir, pour ainsi dire sans s'en apercevoir, pour la modique somme de 25 centimes. J'espère qu'ainsi cette histoire sera acceuillie du public, qui est animé par ce qui est vraiment fait pour toucher tout cœur sensible. Sa vente nous fournira de quoi parvenir à notre but. J'ai, en finissant, l'espoir et la conviction que la véracité de mon histoire remplace ce qui peut lui manquer en élégance de style.

Votre dévouée et reconnaissante servante,

Signé F. MILBECK.

CERTIFICATS.

No 1.

Le soussigné déclare, sur la demande de la femme MILBECK, que le 2 janvier 1838, il a dressé procès-verbal dans l'affaire de la blessure faite par J.-B. JOACHIM à ADAM MILBECK.

Le Commissaire de Police,
Signé WALDECK.

La Haye, 18 décembre 1838.

No 2.

Je soussigné, certifie par ces présentes que le commerçant ADAM MILBECK de Giessen, est affecté d'une aliénation mentale qui n'admet point d'opération chirurgicale, n'offrant point de chance d'être guérie par ce moyen.

Signé P. HENDRIKTZ,
Professeur de Médecine.

Zuiderburg, 3 novembre 1838.

Pour légalisation de la signature de M. Pierre Hendriktz, professeur de médecine et de chirurgie, demeurant en cette commune.

Signé VELTHUYSEN,
Bourgmestre.

Stompwyk, 6 novembre 1838.

No 3.

Je soussigné, certifie par ces présentes que la femme MILBECK de la Haye, m'a consulté comme médecin au sujet de son mari affecté d'aliénation mentale, et que je lui ai conseillé d'avoir recours au service d'un médecin dans la ville où elle comptera se fixer, attendu qu'il est possible que le mal dont son mari souffre, offre peut-être quelque chance de guérison.

Signé NASSE,

Professeur.

Bonn, le 22 *mars* 1839.

Pour légalisation de la précédente signature de Monsieur le conseiller intime professeur et docteur Nasse, demeurant à Bonn.

Délivré avec exemption de timbre pour l'usage exclusif à l'étranger.

Pour le premier Bourgmertre,

Par procuration, *signé* **HAAST,**

Adjoint.

N° 4.

Je soussigné, W. Verschuir, médecin à Groningue, certifie que madame J.-A. MILBECK, née Sanders, m'a présenté son mari, J.-A. MILBECK, et que je l'ai trouvé depuis quelque temps en démence, contre laquelle je lui ai prescrit des médicaments convenables, et dont j'attends quelques amendements.

Signé **W. VERSCHUUR.**

Groningue, le 13 *septembre* 1839.

Vu pour légalisation de la signature du sieur W. Verschuur, médecin à Groniugue, par nous, Bourgmestre de la ville de Groningue.

Signé **J.-B. VAN IDDEKINGE,**

Bourgmestre.

Groningue, 14 *septembre* 1839.

Vu pour légalisation de la signature de M. J.-B. Van Iddekinge, Bourgmestre de la ville de Groningue, par nous conseiller d'état, gouverneur de la province de Groningue.

Signé RENGERS.

Groningue, le 14 septembre 1839.

Je soussigné, traducteur juré près les Cours et Tribunaux, certifie la précédente traduction exacte et conforme à l'original en langues hollandaise et allemande.

Signé SOMERHAUSEN.

Bruxelles, le 16 avril 1840.

Vu pour légalisation de la signature de M. H. Somerhausen, traducteur juré près ce tribunal.

Signé VANBELLINGHE,
Président du Tribunal de première instance.

Bruxelles, le 18 avril 1840.

Vu pour légalisation de la signature de M. Vanbellinghe, apposée ci-dessus.

Pour le Ministre de France, le Secrétaire de la Légation,
Le Duc DE BASSANO.

Bruxelles, le 18 avril 1840.

N° 5.

Nous soussigné, médecin aux rapports près le Tribunal civil de Bordeaux, membre de la Société royale de Médedecine, etc., nous sommes transporté, sur la demande de la dame Milbeck, dans la maison portant le n° 59, rue Bonhaut, à l'effet d'examiner l'état de santé de son mari, le sieur Milbeck (Johann-Adam), qu'elle nous a dit être atteint, depuis trois ans, d'aliénation mentale.

Nous avons trouvé dans une chambre de ladite maison un homme âgé d'environ 44 ans, d'une très-forte constitution,

portant dans son regard, dans l'expression de ses traits, ainsi que dans son agitation incessante, l'empreinte de la maladie dont on nous l'avait dit affecté. Une longue conversation avec cet homme nous a entièrement confirmé dans cette opinion, résultat d'une première impression, et nous avons, de plus, acquis la certitude que l'extrême dénûment où il se trouve avec sa famille, et qui va jusqu'à la privation presque absolue de nourriture, aggrave considérablement son état de folie. Il est même à craindre, si cette situation se prolongeait, que celle-ci ne dégénérât en manie furieuse, ce qui pourrait donner lieu à des accidents graves.

En foi de quoi nous avons délivré le présent certificat, pour servir et valoir ce que de raison, et en recommandant l'infortuné Milbeck à la généreuse protection des magistrats de notre cité.

Fait à Bordeaux, le 12 novembre 1840.

BORCHARD, D.-M.

Vu pour la légalisation de la signature du sieur Borchard, docteur-médecin, apposée ci-dessus.

Le Commissaire de Police,

MALARTIC.

Bordeaux, 17 novembre 1840.

Nº 6.

M. A. MILBECK, né près de Francfort, âgé de 41 années, a été blessé il y a à peu près trois ans, à la tête, par des coups de rasoir qui ont, selon toute apparence, profondément pénétré dans l'épaisseur du crâne. S'il était permis de porter un jugement sur des notices aussi incomplètes que celles qui me sont parvenues sur les symptômes et le traitement de la maladie de ce malheureux homme, je suis disposé à croire qu'on s'est trop hâté de fermer la plaie de la tête. Dès qu'elle fut fermée, M. Milbeck fut frappé d'une aliénation mentale qui se présenta, d'après le récit qu'on m'a fait, sous différentes formes : tantôt sous celle de manie furieuse, tantôt sous celle de monomanie, et à présent sous celle de démence ; je crois que tout espoir de guérison n'est pas encore tout-à-fait perdu. Il sera peut-être nécessaire de placer des cautères sur la tête, et en cas de non réussi e de ces cautères, si l'on avait des indications suffisantes, d'arriver à la trépanation. Plusieurs cas heureux analogues avec celui-ci, et dont quelques-uns me sont fournis par ma propre pratique, m'encouragent à faire cette proposition.

L'admirable conduite de sa femme, qui est au-dessus de tout éloge ; sa patience, son activité, son intelligence, son dévoûment sans bornes, son courage, sa persévérance et les sacrifices de tous genres qu'elle a montrés et faits depuis ces trois terribles années, méritent que tous les hommes vraiment charitables s'intéressent à cette malheureuse femme, et contribuent de toutes leurs forces à rendre la santé à cet homme si digne de la commisération de son prochain.

J.-F. KOREFF,

Professeur et Docteur en Médecine et Chirurgie,

Conseiller d'état de S. M. le roi de Prusse.

Paris, 23 *février* 1841.

Pour légalisation du certificat qui précède,

Paris, le 25 *février* 1841.

Le Baron E. DE PAPPENHEIM.

Nᵒ 7.

M. Milbeck me fut présenté par sa femme, au mois de février 1841. Je le trouvai dans un tel état de démence, qu'il ne put me rendre compte de son état, ni répondre aux questions que je lui adressai. Après avoir examiné avec le plus grand soin tous ses antécédents, ce qui était fort difficile, vu qu'il n'avait apporté aucune consultation des médecins qui l'avaient traité, et que sa respectable femme ne savait pas assez bien l'allemand pour me donner des notices satisfaisantes, je crus pourtant entrevoir une possibilité de guérison. La misère dans laquelle cette famille se trouva, ne pouvait pourtant pas déterminer cette excellente femme à se séparer de son mari, et à le confier à un établissement public consacré au traitement des aliénés. Ce dévoûment était d'autant plus beau, que le malade était souvent sujet à des accès de fureur, et que la pauvre femme n'avait aucun moyen de payer un surveillant. Je prescrivis un traitement fort simple, et j'eus la satisfaction de voir déjà, après quinze jours, que le sommeil, qui avait entièrement disparu, se retrouva, et qu'il y eut plus de calme. Après la continuation nou interrompue pendant quatre mois de ce même traitement, le malade a retrouvé l'usage complet de ses facultés intellectuelles, affectives et physiques. Il se porte si bien, que j'ai pu lui permettre de partir pour sa patrie.

Je saisis cette occasion pour recommander cette famille respectable à la bienfaisance de toutes les personnes charitables, pour qu'elles tendent une main secourable à ces braves gens, afin qu'ils puissent, par leur travaux et leurs efforts, rétablir une existence qui a été bouleversée de fond eu comble par un malheur inouï. Je suis fort heureux d'avoir pu rendre ce père de famille à la raison et à la santé, et d'avoir pu répondre avec succès à la confiance qui avait conduit cette respectable femme vers moi de si loin. La conduite admirable de cette femme intelligente et vertueuse est au-dessus de tout éloge, et a droit à être appréciée par quiconque porte un cœur sensible aux souffrances de son prochain. Je n'ai pas permis qu'elle me témoigne autrement sa reconnaissance que par des paroles de bénédiction. J'aurais rougi d'accepter une autre récompense de cette brave et digne femme, que je me plais à recommander avec instance à toutes les âmes bienfaisantes.

Signé J.-F. KOREFF,

Professeur et Docteur en Médecine et Chirurgie,
Conseiller-d'état de S. M. le roi de Prusse.

Paris, 5 *juillet* 1841.

Le chargé d'affaires des Pays-Bas certifie que la signature ci-dessus est réellement celle de M. le docteur Koreff.

Signé L. GERIKE.

Paris, 5 *juillet* 1841.

Vu pour la légalisation de ci-contre, à la Légation grand-ducale de Hesse, en l'absence de M. le ministre résidant de Hesse, le conseiller de Légation de Bade,

Signé F. DE SCHWEIZER.